I0161746

¡Para Que Te Vaya Bien Y Vivas Mucho!

Serie: La Familia Bajo Ataque

"Construyendo Nuestra Torre Fuerte"

Rosaura Eunice Gaitán de Swanson

¡Para Que Te Vaya Bien y Vivas Mucho!

Honra a tu padre y a tu madre, que es el primer mandamiento con promesa; para que te vaya bien, y seas de larga vida sobre la tierra.
Efesios 6:1

Derechos de Autor © 2015 por
Rosaura Eunice Gaitán de Swanson
Primera Edición, 2015
ISBN- 13: 978-0-994736734
ISBN-10: 0994736738

DEDICACIÓN

Dedico este libro a mis amados padres, quienes ahora son unos venerables ancianos, llenos del amor de Dios y que siguen unidos en su vejez, a pesar de los fuertes temblores que sacudieron la torre de su hogar.

Ahora, ellos viven para contar el testimonio de lo que Dios hizo en sus vidas, y cómo la familia fue restaurada. También viven para bendecir a sus hijos, quienes han traído mucha alegría a ellos, los honran y rodean de amor y cuidados.

También a aquellos jóvenes, que están luchando y se sienten sin fuerzas para continuar y sin esperanza en su futuro. Te voy a compartir el camino que yo escogí, cuando estaba en la misma situación; no le encontraba sentido a mi existencia, y prácticamente tenía temor de seguir viviendo en las circunstancias en las cuales me encontraba.

Te sorprenderás al saber que no solamente logré encontrarle sentido a la vida, también fui un instrumento clave, para que la salvación de Dios y la restauración llegara a mi familia, y solamente lo que hice fue seguir las instrucciones que Dios tiene en su manual, para cada persona y en este caso para nosotros como hijos.

Rosaura Eunice

TABLA DE CONTENIDO

PREFACIO

Empezaré contándote como nació la idea de este libro, y luego los ataques que ha venido sufriendo la familia. Tal vez te parezca poco interesante, pero te desafío a continuar leyendo hasta el final. Te prometo que te identificarás con muchos de los problemas que ahora estás afrontando.

En noches pasadas, meditando sobre los niños y jóvenes, vino a mi mente: "nuestra generación está sufriendo mucha presión, niños y jóvenes en situaciones extremas, se están suicidando, están sufriendo violencia, abuso y abandono". ¿Qué está pasando? Mi primera pregunta fue: ¿Quiénes tienen la responsabilidad de ellos en primera instancia? Por su puesto, vino a mi mente la palabra: "padres". Entonces, tenía niños, jóvenes, padres; y de repente todo fue muy obvio antes mis ojos: **"LA FAMILIA ESTÁ BAJO ATAQUE"**; es un ataque directo al diseño, al modelo que Dios instituyó en la tierra para la familia.

Analizaremos, cuáles son los ataques y porqué se están dando; estudiaremos las funciones o roles de cada uno de los miembros de la familia. Contaré historias, que ilustrarán mejor y te ayudarán a entender los fundamentos y valores, sobre los cuáles se deben fundamentar las familia. Compartiré consejos basados en experiencias personales, que estoy segura serán de gran utilidad a cada uno de ustedes, y los puedan aplicar en las situaciones que están viviendo.

¡Para Que Te Vaya Bien y Vivas Mucho!

Terminando este libro tuve un sueño: Soñé que me habían invitado a comer a una casa, estaba con unos niños, al principio no quería aceptar la invitación, pues pensaba que no estaba vestida adecuadamente. Cuando llegamos al lugar, esa casa era una gran torre, entramos y una familia se encontraba viviendo allí. Comenzamos a hablar, y de pronto todo comenzó a temblar, un terremoto empezó a sacudir la torre, algunos pisos se hundían y paredes se agrietaban, pero una voz, me dijo: "Todo estará bien, no teman". Luego me vi con la misma familia, pero en otra parte de la torre, esta vez habían seres espirituales de maldad, dentro de la torre, comencé a reprenderlos y sacarlos fuera, ellos retrocedían y salían a otra habitación de la torre, pero no salían de ella, entonces le dije a toda la familia: "Todos unidos ordenémosle a estos seres de maldad salir de la torre", toda **la familia unida** comenzó a hacerlo, y estos seres salieron de inmediato. La torre donde vivía esta familia, estaba edificada con columnas fuertes.

A través de sencillas preguntas, vamos a examinarnos. No quiero enjuiciarte; mi deseo sincero es ayudarte, y traer una voz de aliento, a la luz de la Biblia, para ver el Camino a seguir y **ser instrumento de ayuda** en nuestra "Torre que se llama hogar" ¿Qué fundamentos sostienen mi familia? ¿Son firmes para resistir cualquier ataque? ¿Cómo está nuestra unidad? Solo tú conoces las respuestas. Mi deseo con este manual, es enseñarte las **herramientas que Dios ha dejado**, para construir una **TORRE FUERTE.**

Rosaura Eunice Gaitán de Swanson

1. ATAQUE A LA COMPOSICIÓN DE LA PAREJA EN EL MATRIMONIO:

"Varón y Hembra": única composición del Matrimonio

Génesis 1:27. Y creó Dios al hombre a su imagen, a imagen de Dios lo creó; varón y hembra los creó.

28. Y los bendijo Dios, y les dijo: Fructificad y multiplicaos; llenad la tierra, y sojuzgadla, y

señoread en los peces del mar, en las aves de los cielos, y en todas las bestias que se mueven sobre la tierra.

El significado de Génesis es orígenes, comienzos y fue aquí en este libro, donde Dios estableció el inicio de la familia y especificó **la composición de la pareja en el matrimonio, en una familia: *varón y hembra*. Dos seres humanos de diferente sexo. No hay lugar a otra combinación. Dios lo hablo muy preciso, hombre y mujer,** y dio instrucciones específicas a esta primera pareja que puso sobre la tierra. Al hombre le dio autoridad especial para gobernar. Dios tenía un plan perfecto para esa primer pareja o primer familia sobre la tierra. Toda otra composición en el matrimonio, está fuera de la voluntad de Dios, está fuera de la misma naturaleza de nuestros cuerpos; y trae consecuencias graves aquí en la tierra y también eternas. Se están desarrollando enfermedades mortales, por ir en contra de esta orden de Dios. A continuación leerán lo que Dios dice y advierte acerca de esto:

Romanos 1:26-32: ... pues aun sus mujeres cambiaron el uso natural por el que es contra naturaleza,

1:27 y de igual modo también los hombres, dejando el uso natural de la mujer, se encendieron en su lascivia unos con otros, cometiendo hechos vergonzosos hombres con hombres, y recibiendo en sí mismos la retribución debida a su extravío.

Y como ellos no aprobaron tener en cuenta a Dios, Dios los entregó a una mente reprobada, para hacer cosas que no convienen; estando atestados de toda injusticia, fornicación, perversidad, avaricia, maldad; llenos de envidia, homicidios, contiendas, engaños y malignidades; murmuradores, detractores, aborrecedores de Dios, injuriosos, soberbios, altivos, inventores de males, desobedientes a los padres, necios, desleales, sin afecto natural, implacables, sin misericordia; quienes habiendo entendido el juicio de Dios, que los que practican tales cosas son dignos de muerte, no sólo las hacen, sino que también se complacen con los que las practican.

Creo que los anteriores versículos no necesitan ninguna explicación; quiero resaltar algo, que no solamente, los que practican tales cosas, sino los que se complacen o avalan y permiten estas aberraciones, como es el caso de los países donde se está autorizando el matrimonio de parejas homosexuales; ellos también están bajo condenación de muerte. **Aquí se refiere a la muerte eterna, a la eterna separación de Dios, al juicio de Dios sobre ellos; tanto los que las practican, como los que se complacen o les parece normal**, diciendo que es un "derecho de libertad". Pero la Palabra de Dios es muy precisa, y bajo ninguna condición Dios acepta otra composición en el matrimonio.

2. ATAQUE A LA PRIVACIDAD Y DESARROLLO DE LA FAMILIA:

Génesis 2:24: Por tanto, dejará el hombre a su padre y a su madre, y se unirá a su mujer, y serán una sola carne.

Este es un mandato de Dios. El dejar implica, un desligarse, para que se dé algo nuevo, una nueva familia; sin embargo no será un abandono de los padres. Los padres debemos honrarlos, amarlos, visitarlos; pero ahora es el comienzo de una nueva etapa, ese hombre y esa mujer unidos, constituyen una nueva unidad llamada familia. El ataque a esta privacidad familiar se da, cuando no se obedece el principio de dejar y de ser uno solo, como esposo y esposa.

Hay cónyuges que todavía quieren seguir viviendo en las casas paternas, o aunque salen de sus casas, todavía los padres son la voz principal para ellos, y tienen a sus parejas en segundo plano; por lo tanto no puede lograr la privacidad con su pareja, ni una verdadera unidad. Pues hay más de dos personas, conformando esa pareja, y llegar a un crecimiento y desarrollo sano, será difícil o mejor dicho una imposible tarea; pues muchas son las voces que toman mando en esa familia. Esto no quiere decir que en algún momento podemos tomar consejo sabio de los familiares. Pero siempre la voz principal debe ser la de Dios y luego buscar el acuerdo con mi pareja.

Para guardar la privacidad y desarrollo de la familia, se debe seguir este principio dado en la Palabra: "dejar y unirme", éste es el inicio de una nueva familia, dejar y unirse a otro, es pertenecer a ese otro, el ser "uno" con otro.

La familia necesita la privacidad, su espacio para hablar, compartir, hacer sus propias decisiones y normas del hogar. Las mujeres nos gusta decorar a nuestro gusto, pero si compartimos el espacio con otras personas o mejor con otra familia, difícilmente podremos ponernos de acuerdo en cuanto a los gustos en la decoración. Y eso sería, lo más simple, pues otros verdaderos conflictos se comienzan a presentar, cuando una pareja de recién casados, está viviendo en alguno de los hogares paternos; todos querrán opinar acerca de la nueva familia, y para ser más claro, todos estarán listos a criticar.

Sabemos también la importancia de la privacidad en la intimidad de la pareja, y más cuando están de "luna de miel". Pero dudo mucho que se logre una bonita y espontánea intimidad con tantos ojos y oídos alrededor.

Y qué decir, cuando vengan los hijos; los abuelos, los tíos, las tías, todos querrán dar sus "opiniones", e intervenir en la crianza de los hijos. Las normas que los padres quieran ponerles, tal vez no sean bien vistas. Por todo lo anterior, me pregunto: **¿Podrá desarrollarse y crecer sanamente una familia en estas condiciones?**

3. ATAQUE Al PACTO: (A la unidad, confianza, pureza e intimidad)

Éxodo 20: 14. No cometerás adulterio.

1 Timoteo 3:2: Pero es necesario que el obispo sea irreprensible, MARIDO DE UNA SOLA MUJER, sobrio, prudente, decoroso, hospedador, apto para enseñar;

Efesios 5:31-32: Por esto dejará el hombre a su padre y a su madre, y se unirá a su mujer, y los dos serán una sola carne. Grande es este misterio; mas yo digo esto respecto de Cristo y de la iglesia.

¡Para Que Te Vaya Bien y Vivas Mucho!

El ser "uno" delante de Dios, una "sola carne", es un misterio. Pero vemos que la unión de un hombre y una mujer es tan sagrada a los ojos de Dios, que se compara con la unión entre Cristo y la Iglesia.

Definición: "El ser «una sola carne» involucra más que el acto sexual en el matrimonio. En verdad, ese acto matrimonial es el símbolo o la culminación de una unión más completa, de una entrega total a la otra persona. En consecuencia, si la unión completa no es una realidad, las relaciones sexuales pierden su sentido.

Otra definición del matrimonio que me gusta mucho es: El matrimonio es una entrega sin reservas, y un compartir profundo de la persona, en todo su ser, con su cónyuge, hasta la muerte. **El propósito de Dios es, que cuando dos personas se casan deben compartir todo: sus cuerpos, sus posesiones, sus percepciones, sus ideas, sus habilidades, sus problemas, sus éxitos, sus sufrimientos, sus fracasos, etcétera.**

El esposo y la esposa son un equipo y lo que cada uno hace, **debe ser por amor a la otra persona**, o al menos no debe ser en detrimento del otro. Cada uno debe preocuparse tanto por las necesidades de la otra persona, como por las propias (Ef. 5.28; Pr. 31.12, 27).

Los esposos ya no son dos, sino una carne, y este concepto de una carne debe manifestarse en maneras prácticas, tangibles y demostrables. Dios no desea que sea únicamente un concepto abstracto o una teoría idealista, sino una realidad concreta. La intimidad total y la profunda unidad son parte del plan de Dios para un buen matrimonio; sin embargo, no significan una total uniformidad e igualdad. Mi cuerpo se compone de muchas partes diferentes. Mis manos no hacen la tarea de mis pies y mi corazón no hace el trabajo de mi hígado. Hay gran diversidad de miembros en mi cuerpo y sin embargo mantienen la unidad. Las partes de mi cuerpo se ven distintas y actúan de una manera diferente, pero cuando funcionan normalmente cada parte trabaja para el beneficio de las demás, o, a lo menos, una parte no trata deliberadamente de herir a las otras.

Del mismo modo, el marido y la mujer pueden ser muy diferentes en algunos aspectos, pero no deben permitir que esas diferencias obstaculicen su unidad, porque el propósito de Dios para el matrimonio es la unidad total.

Sin embargo, tú y yo sabemos que la total unidad no se logra fácilmente, ya que **el obstáculo básico para el logro de la unidad, es nuestro egocentrismo**. En Génesis 2.25, inmediatamente después de que Dios dijera que el marido y la mujer serían una sola carne, la Escritura dice: "Y estaban ambos desnudos, Adán y su mujer, y no se avergonzaban". Aquí vemos que el estar desnudos no fue lo pecaminoso, pues muchos piensan que el sexo es pecado. El sexo fue idea de Dios, pero para ser usado **solamente en el matrimonio**.

Después que pecaron, que desobedecieron, leemos, que "fueron abiertos los ojos de ambos, y conocieron que estaban desnudos; entonces cosieron hojas de higuera y se hicieron delantales". En cuanto entró en escena la desobediencia, comenzaron a cubrirse.

Ese intento de cubrirse ciertamente era evidencia de que estaban conscientes de su pecado ante Dios. Inmediatamente y neciamente procuraron esconder su pecado de Dios. Y más aún, al cubrirse simbolizaban su esfuerzo por esconderse el uno del otro. Cuando entró el pecado, la transparencia y la unidad total que disfrutaban fueron destruidas.

Del mismo modo, como el pecado entró y estorbó la unidad de Adán y Eva, así nuestro pecado o desobedecer a las instrucciones de Dios, sigue siendo la gran barrera que entorpece la unidad matrimonial en el día de hoy. A veces la unidad matrimonial es destruida por el pecado del egoísmo, otras por el pecado del orgullo. En ocasiones esa unidad es quebrada por el pecado de amargura, o la ingratitud, la terquedad, el vocabulario hiriente, el abandono, la impaciencia, la aspereza o la crueldad. Fue el pecado lo que destruyó la unidad total de Adán y Eva, y es el pecado el que destruye la unidad de los esposos hoy día". (Esta explicación acerca de ser una sola carne, fue tomada del libro Fortaleciendo el matrimonio, por Wayne Mack).

También quiero recordarles, que las palabras: "yo, mío, mis", tienen que cambian por: "nosotros y nuestros". El egocentrismo no tiene lugar en el matrimonio, la independencia e individualidad, son enemigos de la unidad.

Continuando sobre el ataque al pacto, hablaremos del adulterio. **El adulterio en un matrimonio, socava directamente al pacto de fidelidad,** que se prometieron los esposos delante de Dios y de los testigos. Este ataque tiene definitivamente como fin debilitar, destruir la unidad, intimidad y la confianza en la pareja. Infringe gran dolor, ira, sentimiento de inferioridad, vergüenza, desconfianza, deseos de venganza, y otra consecuencia fatal: dividir a la pareja (el divorcio). Cuando hay hijos de por medio, por supuesto, esto será aún más doloroso y con funestas consecuencias. Solamente Dios podrá sanar y reparar todo el daño que conlleva el adulterio y un divorcio. **Pero nada es imposible para Dios.**

Después de un adulterio, debe haber un arrepentimiento genuino por parte del que lo cometió, y un verdadero perdón, de la pareja que fue ofendida, herida y burlada. Esto conlleva a todo un proceso de restauración familiar, que requiere de tiempo, paciencia, sanar heridas, ganar nuevamente la confianza, establecer normas y a veces se necesita de terapia familiar.

La palabra adulterio va más allá de lo que pensamos, Jesus dijo: **Mateo 5:28: Pero yo os digo que cualquiera que MIRA A UNA MUJER para codiciarla, ya adulteró con ella en su corazón. Y esto también se aplica a las mujeres, al codiciar otros hombres.**

Esta Palabra acerca de cuidar la forma como miramos es fuerte y radical, pero Dios sabe porque lo dice. Y esto corrobora más la santidad del matrimonio. Los hombres y aún las mujeres están en frente de una radical decisión: "guardar su pacto de fidelidad, aún con sus ojos".

Es un ataque muy fuerte a la pureza y fidelidad en el matrimonio que enfrentan en esta época las familias, pues por todo lado hay tentación (la televisión, internet, revistas, las vestimentas inapropiadas que exhiben cuerpos, etc.) *Pero todo aquel, que ha decidido ser fiel y guardar el pacto, Dios, por su Espíritu, le dará la templanza necesaria para salir victorioso.*

Gálatas 5:22-23 Mas el fruto del Espíritu es amor, gozo, paz, paciencia, benignidad, bondad, fe, mansedumbre, TEMPLANZA; contra tales cosas no hay ley.

Judas 1:24. Y a aquel que es poderoso para guardaros sin caída, y presentaros sin mancha delante de su gloria con gran alegría,...

4. ATAQUE AL ORDEN Y RESPETO DE LA AUTORIDAD:

En una familia, Dios y su Palabra deben ser la principal Autoridad, Jesucristo es la Cabeza del varón y el varón la cabeza de la esposa. **1 Corintios 11:3: Pero quiero que sepáis que Cristo es la CABEZA de todo varón, y el varón es la CABEZA de la mujer, y Dios la CABEZA de Cristo.**

El termino cabeza es señal de autoridad. Primero observamos el orden: Dios Padre, Cristo, hombre, mujer. Este orden lamentablemente, no se da en la mayoría de las familias. Unos no reconocen a Dios, ni como Creador y mucho menos, le dan el lugar principal en sus familias. Esta es la puerta principal por la cual son atacadas las familias: **Cuando no se invita a Dios y no se le da el lugar que le corresponde en nuestros corazones primeramente y luego en nuestra familia.** Esta es una gran puerta abierta, por donde entran todo de tipo enemigos, para minar y destruir un hogar. **Cuando Dios y su Palabra no son el fundamento sólido de una casa, esa familia está fundamentada en la arena y no en la Roca. Por lo tanto cuando vengan fuertes vientos, no tendrá el soporte necesario para estar en pie.** Mateo 7:24-27. No está cimentada en la Torre Fuerte, que es Dios y los fundamentos: su Palabra.

Una vez el esposo y la esposa decidan darle su corazón, su voluntad a Dios, y por ende, el lugar en su familia, comienzan a tener el principal fundamento, y la guía de cómo debe funcionar la familia. No serán familias disfuncionales, que es otro de los problemas de nuestra sociedad. Los integrantes de la familia podrán acceder al manual de instrucciones para saber los roles de cada miembro y cómo funcionar en pos de la armonía, crecimiento, bienestar y la unidad familiar.

Reconocer, respetar a Dios y practicar sus mandamientos, concernientes a la vida familiar, es el primer y gran paso que asegura una verdadera estabilidad en el hogar. Estos son los fundamentos para construir esa "Torre Fuerte" que debe ser cada hogar, cada familia; y cada miembro estará protegido, y se desarrollará sanamente y productivamente, según los planes de Dios, para cada uno.

4.1. El Hombre Cabeza De La Mujer:

Para entender mejor esta frase, debemos mirar que es una cabeza. La cabeza es la parte del cuerpo donde se encuentra el cerebro y otros sentidos que rigen el resto del cuerpo: la vista, el olfato, el tacto, la audición, el gusto. La cabeza envía ondas cerebrales y dirige funciones al resto del cuerpo. Podemos decir la cabeza es el líder en el cuerpo; entonces ahora podremos decir: el hombre en la familia, es el líder de la mujer, el líder de sus hijos.

Qué lugar tan especial ocupa el hombre en una familia, y también que gran responsabilidad. Dios puso al hombre como cabeza, como líder de la familia, *él es responsable delante de Dios por ella.*

En el huerto del Edén, después de que Eva fue engañada y que Adán cayó en transgresión, por desobedecer y dudar de lo que Dios había ordenado, vemos ¿a quién llama Dios primero?

> **Génesis 3:8. Y oyeron la voz de Jehová Dios que se paseaba en el huerto, al aire del día; y el hombre y su mujer se escondieron de la presencia de Jehová Dios entre los árboles del huerto.**

9. Mas Jehová Dios <u>llamó al hombre</u>, y le dijo: ¿Dónde estás tú?

10. Y él respondió: Oí tu voz en el huerto, y tuve miedo, porque estaba desnudo; y me escondí.

Estaban el hombre y su mujer juntos, Dios sabía lo que había pasado, Eva fue la primera en caer en tentación, **pero Dios llamó a Adán, al hombre, al líder.** Dios sabe exactamente lo que hace al poner orden en una familia, al colocar un líder, en este caso al hombre. Para muchas mujeres esto les parece como discriminación o subvaloración. Pero no, esto es simplemente parte del orden que rige todas las cosas. Vemos que todo en el universo, tiene un eje, unas leyes, un principio, un líder, si esto no existiera, no habría universo, no habría orden, todo sería una gran confusión. Se imaginan en un cuerpo humano, donde cada órgano o sistema fuera autónomo. Es difícil y hasta gracioso imaginar esto, cada miembro del cuerpo haciendo lo que quiere, nunca se llegaría a un objetivo.

Cuando Dios diseño al hombre, lo hizo con esta capacidad y con esta responsabilidad de liderar. El hombre y la mujer, siendo de la misma raza, vemos que tienen diferente forma de razonar, de sentir, de ver las cosas. Se dice que el hombre piensa con la cabeza, con la razón, y la mujer con los sentimientos, con el corazón. No queriendo decir, que uno sea más inteligente que el otro. SIMPLEMENTE DIOS NOS HIZO DIFERENTES, pero *complementarios.* Eso es básicamente lo que forma la unidad: Yo tengo lo que el otro necesita y el otro tiene lo que yo necesito; pero alguien debe encausar y dirigir, para tener orden, cumplir los propósitos y alcanzar las metas trazadas. Después hablaremos del importante papel de la mujer como ayuda idónea. Estudiaremos el significado preciso de estas dos palabras: ¨ayudad idónea¨

4.2. ¿Qué pasa cuando el hombre no es cabeza? ¿Qué pasa cuando la cabeza deja de ejercer sus funciones en el cuerpo?

En términos médicos, cuando el cerebro que es el principal órgano de la cabeza, no funciona, se dice que el paciente esta grave, en peligro de muerte, está en estado de coma. Bueno, **cuando un marido, no ejerce su función de cabeza**, podríamos decir que **el matrimonio está en peligro, es vulnerable y expuesto al fracaso.**

El hombre debe entender su papel de liderazgo en la familia *y asumirlo con sabiduría, responsabilidad y equilibrio*, sin llegar a extremos; para hacer esto, indiscutiblemente, debe estar bajo la autoridad de Cristo, que Cristo sea su Cabeza, así él podrá ejercer sabiamente con la ayuda de Dios y su Palabra, el liderazgo que Dios le entrego en la familia.

Dios le delegó al hombre esta gran responsabilidad y también le dejó las herramientas, y le promete la ayuda necesaria para llevar a cabo con éxito su misión de líder en la familia. De manera querido amigo, no estás solo en tu labor, el Creador de la familia está contigo, y tiene a tu disposición toda la ayuda que tú necesitas.

4.3. Cuando La Mujer Usurpa El Lugar Del Esposo:

Cuando esto sucede, la familia está en contra del orden divino, o mejor dicho, la mujer está transgrediendo el orden de Dios. La mujer toma el lugar de cabeza, cuando tiene un espíritu de manipulación, control o dominio y rebelión; y *abiertamente o sutilmente, usurpa el lugar del esposo*. Tal vez, este fue el ejemplo que la mujer tuvo en su hogar paterno; su madre era la cabeza, o tal vez fue herida por su padre, otros hombres o autoridades, y en respuesta a esto, *no quiere sujetarse, y no respeta* la autoridad de su esposo, por temor a ser herida nuevamente, o puede ser que simplemente su esposo le cedió el lugar de cabeza, no quiso asumirlo, por irresponsabilidad o por que repite el modelo de su padre, un padre que no era líder en su hogar y trasmitió, o enseñó este patrón distorsionado a sus hijos varones.

Cualquiera que sea el caso, esto está en contra del orden establecido por Dios para la familia y como vimos, esto expone a la familia y a sus integrantes al peligro, al caos, a la disfunción y por último al fracaso. Hay excepciones, cuando la mujer ha quedado viuda o falta la figura del padre por algún motivo; en este caso, ella debe ser líder para sus hijos, estableciendo las normas para la familia y poniendo siempre a Cristo como su Cobertura, y sujetándose a las autoridades que Dios ha puesto para ella. (Padres, pastores, consejeros).

4.4. ¿Qué pasa con los hijos, cuando el hombre no ejerce su liderazgo sabiamente?

Los hijos serán los más afectados, pues tendrán un modelo erróneo de familia. Cuando la mujer toma el lugar de cabeza y pisotea la autoridad del varón, o cuando el varón cae en un liderazgo opresivo y violento; entonces vemos en estos casos, que cuando la mujer usurpa el lugar del esposo, le está diciendo a su hija: "esto es lo que harás con tu marido". Y al hijo: "eres un débil, las mujeres tenemos el control". O en el caso de un mal liderazgo, por parte del padre, dejará heridas en los hijos, y creará resentimiento y rechazo a la autoridad.

Todos estos ejemplos distorsionados, traerán un **desequilibrio en la identidad del niño o de la niña o de los adolescentes;** y por lo tanto pueden repetir los patrones o sencillamente **perder su identidad sexual** y caer en el homosexualismo o lesbianismo.

La niña rechazará a los hombres y se inclinará por su mismo sexo, y los niños temerán o rechazarán el sexo contrario, inclinándose a su mismo sexo, o a querer repetir el modelo y tomar la identidad sexual de aquel que según el niño, tiene el control y el liderazgo en su hogar. Ya sea por rechazo o por admiración de sus modelos: "padre y madre", los hijos adoptaran una posición en su identidad sexual, y patrones de vida. Cuando estos padres no han seguido el orden divino: "que el hombre es cabeza en un hogar, o de ejercer un liderazgo sano y con sabiduría"; los hijos perderán su propia identidad sexual con la cual Dios los creo. O sino la pierden, vendrán al matrimonio con comportamientos y modelos erróneos o con heridas que no les permitirá una sana relación con su cónyuge.

Enseñar a nuestros hijos **el orden en la autoridad y la sujeción a ella**, **será un fundamento** sólido que estaremos poniendo en las vidas de nuestros ellos. Esto los ayudará en todas las áreas y etapas de su vida adulta.

5. DEBERES O FUNCIONES DE LOS HIJOS EN EL HOGAR.

Mi queridos joven y jovencita, quiero hablar contigo sinceramente, teniendo en mente cuando tuve tu edad, y ante todo, queriendo lo mejor para tu vida; dándote herramientas y consejos muy útiles para que los pongas en práctica, cuando te sientas sin rumbo, cuando sientas que no te entienden, cuando quieras explotar, o cuando sientas que "todo lo sabes". Yo pase por estos estados emocionales; alguna vez me sentí y pensé, como tú estás sintiéndote y pensando ahora mismo. Alguna vez critique a mis padres, y pensé que ellos no me amaban, que me fastidiaban, y no soportaba sus palabras o sus imposiciones hacia mí. Es más te voy a ser bien franca, alguna vez pensé, que "odiaba a mi mamá", y que sólo le tenía mucho miedo a mi papá. Y algo bien terrible, algún día pensé que la vida no tenía sentido y quería ahorrarme sufrimientos, tomando vías de escape, sin retorno y sin futuro. En otras palabras: "No quería vivir". Así, de grave era mi depresión y desilusión en esta vida. Pensaba: ¿Qué futuro puede tener una jovencita fea y tartamuda? ¿Ser el payaso y hazme reír te todo mundo, o despertar lástima en otros? "Definitivamente, yo no quería eso para mí".

Puede ser que te estés identificando con algunas de mis palabras. Lo que te pido y espero de ti, es que continúes leyendo hasta el final este sencillo, pero poderoso manual, con instrucciones de vida, para que escuches al Creador de nuestras vidas, encuentres sentido a la vida, y lo más importante: prolongues tu vida.

Quiero con este manual, traer esperanza y aliento a tu corazón, ser una amiga, que desea lo mejor para ti. Que las instrucciones de Dios, te guíen a tierra firme y puerto seguro. Que mis experiencias, te den ánimo, para saber que no eres el único que has pasado o estás pasando por momentos muy difíciles.

Todos hemos pasado por lo que tú estás pasando, y te puedo decir: hay otros, que han vivido o están viviendo cosas peores; pero escuchando el consejo de la Palabra de Dios, están saliendo de esas terribles circunstancias o vaivenes emocionales en los que se encontraban. Así que, sonríe y di: "Sí ellos pudieron, yo también puedo".

5.1. Obedecer A Los Padres.

- **Efesios 6:1- 3: Hijos, obedeced en el Señor a vuestros PADRES, porque esto es justo. Honra a tu padre y a tu madre, que es el primer mandamiento con promesa; para que te vaya bien, y seas de larga vida sobre la tierra.**
- **Colosenses 3:20: Hijos, obedeced a vuestros PADRES en todo, porque esto agrada al Señor.**
- **2 Timoteo 3:2: Porque habrá hombres amadores de sí mismos, avaros, vanagloriosos, soberbios, blasfemos, desobedientes a los PADRES, ingratos, impíos,...**

La primera orden que Dios ha dado en la Biblia, a los hijos, es OBEDECER a sus padres. Ya estarás un poco inquieto y desagradado al leer estás dos palabras: "orden y obedecer"; pero te prometo, que algún día entenderás, y darás gracias a Dios y a tus padres, por haber practicado y enseñado estás dos sencillas palabras. Y es más, tú tendrás que aplicarlas y demandarlas a tus hijos.

La Biblia dice que esta obediencia es en el Señor, pudiera decirse que deben obedecer a sus padres como al Señor mismo. Sobra decir que es una obediencia en todo aquello, que está en acuerdo con el carácter de Dios. Un ejemplo extremo que pongo es, si tus padres te piden hacer daño a alguien, matar, etc; por supuesto que en ese caso tú estás exento de obedecerles, pues esta orden, está en contradicción con lo que Dios manda.

Dice que obedecer a los padres, "es justo". Voy a estar interpretando esta declaración. Primero estudiemos la palabra justo: recto, equitativo, imparcial, legal, legítimo, ecuánime, entero, firme, exacto, cabal, razonable. Obedecer a los padres es justo, razonable, legal, etc.; debido a que los padres son los canales, por cuales hemos venido a este mundo. Nacimos por voluntad de Dios, pero aquellos a quienes Dios escogió, para darnos sus genes, sus características físicas, sus cuidados, su apellido, son nuestros padres. Los hijos no alcanzan a comprender que sus padres están dando literalmente sus vidas por ellos.

Cuando una pareja se casa y tienen hijos, sus prioridades cambian, y literalmente puede decirse, que viven en función de cuidar y proveer todas las necesidades de sus hijos; vienen las preocupaciones y desvelos cuando los hijos se enferman, cuando llegan tarde a la casa o andan con compañías inapropiadas. El desgaste físico cada día, al tener que ir a sus trabajos y obtener el dinero para pagar la renta, la alimentación, vestido, salud, estudio, recreación, etc.

Entonces mi pregunta a los hijos, es esta: ¿Si tus padres que **te dieron la vida, que te están cuidando, que conocen de la vida y sus peligros, que quieren lo mejor para tí, que te aman**, será entonces, justo, razonable y equitativo que tú le obedezcas a ellos? Yo creo que la respuesta es obvia: ¡Por supuesto!, es totalmente JUSTO, RAZONABLE, OBEDECER A LOS PADRES.

El ser humano, tiene en sí mismo, una gran lucha con la rebeldía, desde bebes podemos observar esto en la naturaleza humana. Mi consejo para los niños, adolescentes, jóvenes y aún adultos, es: **"obedece el consejo sabio de tus padres"**. Como dije anteriormente, no te estoy diciendo que obedezcas en cosas que van en contra de los mandatos de Dios o de la sociedad.

Lamentablemente **por el pecado en el corazón humano, y porque los padres no buscan a Dios, y siguen las instrucciones de la Biblia;** entonces se equivocan, abandonan y dañan a sus hijos, lo cual es muy triste, y esto NO es exactamente, para lo cual Dios creó a los padres. Y aun padres cristianos, pueden perjudicar a sus hijos, sin darse cuenta, **pues ellos NO son perfectos**, y también están luchando con su naturaleza de pecado y con el lastre de la educación que tuvieron en sus propios hogares. Con esto no los excuso, pero si te doy una razón para que los comprendas.

Si tú eres un hijo creyente en Jesús y tus padres aún no lo son, ora por ellos, ámalos, perdónalos si te han herido; y si en algún momento ellos están haciendo algo incorrecto; con amor, con mansedumbre y respeto, tomando la Biblia como referencia, puedes hablar a tus padres, sin juzgarles o exhórtales, habla con ellos con consideración y haciéndoles saber, que te dolió o mostrándoles lo que dice la Biblia, sobre la situación que se esté presentando. **Sí ellos no están interesados en escuchar o se molestan, entonces, no digas nada y entrégale esa**

situación a Dios. Pero sobre todo, sigue respetándolos, no dejes de orar por la salvación de ellos, **sé tú el hijo, que Dios te pide ser, y no tardará mucho en que tus padres lleguen a los pies de Cristo, y sean los padres, que deben ser para ti.**

La Palabra de Dios manda obedecer a nuestros padres en todo aquello que es bueno, como al Señor, aunque muchas veces a ti no te guste, te parezca injusto, o no te parezca bueno. No depende de lo que tú pienses o creas que está bien, es simplemente **una orden que Dios dá a los hijos.**

Los hijos cuando son pequeños, buscan en sus padres los modelos a seguir, sus héroes; pero cuando van creciendo, comienzan a pensar que ellos "saben más" que sus padres. Ven a sus padres ya viejos, de otra generación y que no los entienden. Comienzan a juzgarlos por cualquier equivocación que ellos cometan, por lo tanto, creen tener excusas para no obedecer. Pero aquí está el gran problema, el peligro, la gran equivocación y el riesgo para los hijos que hacen esto, pues **comienzan a deshonrar a sus padres.** Y vamos a hablar de esto en el siguiente tema.

5.2. Honra A Tus Padres.

Hablaremos ahora de la honra a los padres. ¿Qué es honrar?: Enaltecer, distinguir, ensalzar, realzar, favorecer. Mostrar respeto, admiración y estima hacia una persona, sentirse orgulloso de alguien o de una cosa y honrado por ella: "me honro de ser tu hijo, me honro de ser tu amigo, me honras con tu visita".

Demostrar públicamente respeto o admiración por alguien, otorgar honor a algo o a alguien. Significados extraídos de: The Free Dictionary.

Mis preguntas son: ¿Respetas a tus padres?, ¿los admiras?, o ¿te avergüenzas de ellos? ¿Los estimas, los cuidas? ¿Estás orgulloso de tenerlos como padres? **Proverbios 17:6: Corona de los viejos son los nietos, y la honra de los hijos, sus PADRES.** ¿Demuestras privadamente y públicamente respeto a ellos?, o ¿los haces sentir avergonzados? Te sientes honrado con los padres que tienes? Qué lindo es cuando los hijos hablan de sus padres con orgullo, que ven a sus padres como ejemplo en todo. Y aunque, no sean perfectos, los hijos agradecen a sus padres el haber provisto para ellos todo lo necesario.

Como conclusión y pregunta: ¿Estás honrando a tus padres? Examínate, mira las actitudes que tienes con tus padres. Para estar seguro que los estás honrando, pregúntales: ¿Papás, yo los estoy honrando a ustedes? En el caso, de que los estés deshonrando, entonces estás a tiempo de pedirle perdón a Dios, por no honrar a tus padres; y por supuesto, a tus padres, por deshonrarlos.

Pídele ayuda a Dios, para que el fruto del Espíritu Santo crezca en ti, y puedas amar a tus padres; tener templanza, para que cada vez que sientas en tu naturaleza de rebeldía, contestar mal, criticarlos, deshonrarlos, puedas callar tu boca, y puedas darle la honra que ellos merecen. **Y si están**

equivocados, puedas orar por ellos, doblar tus rodillas a Dios, por la salvación de tus padres, por sabiduría para ellos. No será fácil, pero tampoco es imposible. Dios te ayudará. Muchas veces, sencillamente no fui capaz de quedarme callada, cuando mi madre me decía algo, me sacaba de casillas, me irritaba, y caía en la deshonra hacia ella al contestarle indebidamente, luego me sentía muy mal, me arrepentía de esto y le pedía perdón a Dios, suplicándole que me ayudara a perdonar y honrar a mi madre.

Ahora me dirás, ¿Por qué es tan importante la honra a los padres? Bueno continuemos con los versículos en Efesios 6:1-3, dice que debemos honrar a nuestros padres, porque éste es el **primer mandamiento con promesa,** mandamiento en la Biblia significa una orden de Dios, no es una sugerencia, no dice: "si tus padres lo merecen o no", es una orden directa y sin excusas**: ¡HONRA A TUS PADRES!**

Mandamiento significa: Orden que da un superior a sus subordinados para que sea obedecida, observada o ejecutada. Es un mandato, así de sencillo: **Dios te ordena, te manda honrar a tus padres y Dios espera que tú obedezcas y ejecutes esta orden que él te da.**

Ahora, miremos recompensas que Dios tiene para los hijos que honran a sus padres, Dios dice: **"para que te vaya bien, y seas de larga vida sobre la tierra".** Todos queremos que nos vaya bien, todos queremos vivir una larga vida en esta tierra, pueden ver las grandes, las increíbles, las súper chéveres recompensas que ustedes los hijos tendrán, por honrar a sus padres. Creo que cualquier persona con algo de inteligencia, escogerá obedecer a Dios y no tener las consecuencias contrarias, cuando se deshonra a los padres. Está muy claro, en otras palabras, **sino honramos a los padres, nos va mal y no tendremos larga vida, moriremos antes de nuestro tiempo.** Por eso les dije anteriormente, que **las consecuencias de la deshonra a los padres son graves, son peligrosas y está en riesgo tu propia vida.**

Tú, entonces, puedes escoger que vas a hacer, que quieres para ti. ¿Quieres que te vaya bien? ¿Quieres tener larga vida? La respuesta es simple y sencilla mi querido amigo o amiga: Honra a tus padres.

La honra a los padres, también tiene que ver con hacerlos sentir bien a ellos, y esto lo puedes hacer, siendo un joven o una jovencita que cumple con sus tareas escolares, que es responsable en sus estudios, que no le estás haciendo perder la plata a ellos, sino que te esfuerzas por sacar adelante tus estudios, que sabes elegir tus amistades, que también cumples con tareas en el hogar: organizar tu cuarto, limpiar, lavar loza, sacar la basura, ayudar a cocinar algo sencillo cuando tu madre no pueda hacerlo. Tu pregunta para tus padres debe ser: ¿En qué puedo ayudar? No habrá pregunta, que haga más felices a tus padres que esa. No tienes que esperar a que te manden, para hacer las cosas. **¿No te gusta que te manden?, entonces, no esperes a que tus padres lo tengan que hacer.**

Si ves la necesidad de hacer algo en tu hogar y tú tienes la capacidad para hacerlo, entonces, ¡hazlo! No pongas la excusa del tiempo o que lo haga otra persona. Si es algo sencillo y que tú puedes colaborar, ¡hagámoslo! **Desde el hogar, tú aprendes a vivir en comunidad, a ser una persona útil y te estás preparando para tu vida en pareja, cuando formes tu propia familia.**

5.3. Escuchar Y Guardar El Consejo De Tus Padres.

Proverbios 4:1: Oíd, HIJOS, la enseñanza de un padre, y estad atentos, para que conozcáis cordura.

Proverbios 1:8: Oye, HIJO mío, la instrucción de tu padre, y no desprecies la dirección de tu madre;

Proverbios 13:1: El hijo sabio RECIBE el consejo del padre; mas el burlador no escucha las reprensiones.

Proverbios 17:25: El hijo necio es pesadumbre de su padre, y amargura a la que lo dio a luz.

Proverbios 15:20: El hijo SABIO ALEGRA al padre; mas el hombre necio menosprecia a su madre.

Otro deber o necesidad urgente de los hijos, es **escuchar a los padres**. Muchos hijos, solamente quieren que los padres los escuchen, **pero mira lo que la Biblia aconseja a los hijos: "debemos escuchar a nuestros padres, escuchar sus consejos". Dice que si escuchamos sus enseñanzas, aprenderemos cordura.** Significado de cordura: Capacidad de pensar y obrar con prudencia, sensatez y juicio. Antónimos de cordura: locura, insensatez, indiscreción, descomedimiento, desmesura.

Creo que no hay mucho que agregar a esto, quieres tener cordura, ser un joven o jovencita que sabe pensar bien, que es prudente. O quieres actuar locamente, ser insensato, torpe, embarrarla, etc. Estoy segura que tú quieres lo primero, tener cordura; entonces, ya sabes la respuesta: **escucha el consejo de tus padres.**

Muchos hijos, los cuales sus padres aún no son cristianos, tienen en la iglesia, pastores o líderes, que vienen a ser como padres espirituales, que Dios ha provisto para ellos, entonces, escucha a estos padres espirituales. Pablo, el apóstol, llamaba a Timoteo, mi hijo. Pablo era un padre espiritual para Timoteo. Pero sí tus padres son cristianos, entonces, con mayor razón debes escuchar el consejo de ellos.

También dice que el hijo sabio (cuerdo, juicioso, prudente, entendido, docto, erudito, pensador), recibe el consejo del padre; pero el burlador no los escucha.

¿En cuál categoría tú quieres estar?, en la de un sabio e inteligente? o en la de un burlador y necio? Muchos hijos, se burlan de sus padres, los ridiculizan, dicen que son anticuados, que no saben de lo bueno, que no los quieren dejar vivir a ellos, que son egoístas, que ellos están más avanzados que sus padres, que tienen más conocimiento que ellos; y por este motivo no los escuchan. Mi querido amigo, tu papá y tu mamá pueden ser viejos, tus padres puede que no tengan el estudio que tú tienes, pero déjame decirte que **ellos tiene la experiencia y sabiduría que les ha dado la vida, como dice un refrán: "sus canas no son pintadas". Esas canas, hablan de experiencia, de dolor, tal vez de fracasos, de preocupaciones por sus hijos, por sacar el dinero para proveer en su hogar, por días y noches de trabajo duro, para mantener a la familia. Es un gran dolor y decepción para el corazón de los padres, cuando sus hijos, no los escuchan, no los obedecen, y no los honran.**

La Biblia lo dice, el hijo necio es pesadumbre. Significado de pesadumbre: sentimiento de pena o disgusto, desazón, pesar, dolor, tristeza.

Causa o motivo que provoca tal sentimiento: "su rebeldía era una gran pesadumbre para sus padres".

También dice que un hijo necio, que no escucha es amargura para la que lo dio a luz, o sea para la madre. Amargura: amargor, hiel, aflicción, pena, pesadumbre, pesar, tribulación, disgusto, sufrimiento, desconsuelo (tendencia al llanto), martirio, dolor, penalidad, calvario. Lee bien cada una de las palabras anteriores, y quiero preguntare lo siguiente: **¿Queridos hijos, hijas, esto es lo que quieres producir en el corazón de tu mamá?**

En Proverbios 15:20, vemos que el hijo sabio, alegra al Padre. Qué bien y qué orgullosos se sienten los padres cuando sus hijos están obedeciendo, cuando están siendo los mejores en su clase, cuando se están esforzando por salir adelante, cuando están dejando aquellas compañías que no les convienen y cuando saben decir: "NO", ante las tentaciones.

Mi pregunta sería: ¿Quieres ser motivo de pesadumbre para tu padre y amargura para tu madre, o motivo de alegría y orgullo para ellos? Lo más seguro, es que sabiendo ahora, lo que Dios dice en la Palabra, y conociendo las consecuencias de no obedecer, y también por amor y agradecimiento a tus padres, **escogerás honrarlos y escucharlos.**

Sí, no te has podido llevar bien con tus padres, reconócelo ante Dios, y como te dije anteriormente, en ocasiones, no es fácil, pero Dios te ayudará a hacerlo. Lo primero que Dios me hizo entender, acerca de mis padres, fue que ellos tampoco tuvieron padres que los hubiesen amado, educado y cuidado cómo es debido; por lo tanto, mis padres, no tenían un modelo a seguir en cuanto a ser padres; y al no haber recibido un "verdadero amor", tampoco sabían cómo amar y educar correctamente.

Te diré, mi padre NO tuvo hogar, y mi mamá tuvo una crianza muy fuerte, de malos tratos, malas palabras, abusos, y después, no le fue muy bien en su vida de pareja, pues mi padre no sabía cómo tratar a una mujer, es más, mi padre estaba resentido con las mujeres, pues su mamá los había abandonado.

No podía pedirles a ellos que me dieran, **lo que ellos nunca tuvieron.** No se le puede pedir a un árbol de naranjas, que dé manzanas.

Era como si Dios, me hubiese dicho: "entiéndelos, perdónalos, ámalos, hónralos, y ora por ellos. Yo me encargaré de ellos".

Y así fue, Dios comenzó a cambiar a mis padres con el pasar del tiempo.

5.4. Los Hijos Recibiendo Disciplina.

Proverbios 3:11: No menosprecies, HIJO mío, el castigo de Jehová, ni te fatigues de su corrección;

Proverbios 3:12: Porque Jehová al que AMA, como el PADRE al HIJO a quien QUIERE.

Proverbios 10:13: En los labios del prudente se halla sabiduría; Mas la VARA es para las espaldas del falto de cordura.

212. Proverbios 22:15: La necedad está ligada en el corazón del muchacho; mas la VARA de la corrección la alejará de él.

213. Proverbios 23:13: No rehúses corregir al muchacho; porque si lo castigas con VARA, no morirá.

Proverbios 29:15: La VARA y la corrección dan sabiduría; mas el muchacho consentido avergonzará a su madre.

El tema de la corrección causa mucho debate en estos tiempos. Los sicólogos están en contra del castigo físico, y hay países donde los padres pueden tener problemas con la policía, si disciplinan a sus hijos. En la Biblia leemos que Dios corrige, que Dios al que ama castiga. ¿Cómo puede ser esto, que Dios castiga y corrige? Bueno amigos, no lo digo yo, lo dice la Biblia, y miremos porque Dios tiene que hacerlo. Nos dice que la necedad y la rebelión están ligadas al corazón humano, y que si no recibimos corrección, sencillamente creceremos como una especie de árbol torcido, haciendo lo que se nos venga en gana, no teniendo respeto, por nadie ni por nada, y el resultado de una vida así, serán fatales consecuencias, muchos problemas, y **no podrán adaptarse fácilmente a la sociedad, pues no fueron corregidos y preparados para vivir en ella**. **La sociedad tiene normas, las ciudades y países tienen leyes, que al ser transgredidas, acarrean penalidad.**

Por ejemplo, si un padre no corrige al hijo, cuando traiga a su casa algo que no le pertenece, o cuando haya irrespetado a alguien; este niño crecerá con esas conductas, y el resultado serán problemas judiciales, la cárcel, etc.

Una vez escuche un relato de un padre sobre su hijito, era un niño pequeño y estaba metiendo alambres en un toma corriente, su padre lo vio, y le dijo que no lo hiciera, pero cuando su padre se descuidaba, el niño volvía a hacerlo, el padre tapaba el toma corriente y lo regañaba para que no lo hiciera, pero el niño, quitaba la cinta que el padre ponía y seguía insistiendo en meter cosas allí. El padre sencillamente tuvo que darle en la colita con una varita de madera, y de esta forma el niño por temor a recibir la corrección en su colita, no volvió a meter nada en el toma corriente. ¿Qué hubiese pasado, sí el padre deja al niño meter cosas en el toma corriente de alto voltaje? Pues obvio, el pequeño se hubiese hecho daño o hasta electrocutado. A sí mismo es Dios con nosotros, él nos tiene que disciplinar, porque nos ama y no desea que nos pase nada malo. Entonces, Dios también recomienda a los padres disciplinar a los hijos. Dice que el padre que ama a su hijo, lo disciplinará y alejará su alma de la muerte, además la corrección enseñará sabiduría al niño o al joven; y nos dice que un niño que no fue corregido, será luego una vergüenza para los padres.

Esto lo vemos todos los días en los supermercados, niños tirados en suelo haciendo pataletas y gritando a los padres, para que les compren lo que ellos quieren, y sus padres están con sus caras rojas de la vergüenza y el disgusto. Muchos jóvenes, nunca recibieron corrección cuando niños, y sus padres les dejaron hacer lo que quisieron, como resultado, vemos jóvenes con malas compañías, en las drogas y sin un norte, o sin ningún sentido de existencia. **Nunca fueron orientados, disciplinados y por tal motivo, no saben tomar decisiones sabias y alejarse de los peligros. Esto es muy lamentable y es la realidad de nuestra sociedad.**

Al hablar de castigo, corrección o disciplina, nunca me refiero a maltratar a los hijos, a pegarles con ira, y lastimarlos, dándoles en cualquier parte de su cuerpo y usando instrumentos que les causen daño. En la parte que corresponde a los padres, estoy hablando sobre este tema con más profundidad. Pues en este tema de la disciplina, no se debe caer en ningún extremo.

Queridos jovencitos, mi consejo es que acepten la corrección de sus padres, sí ellos deciden disciplinarles, ya sea quitándoles algún privilegio, o prohibiéndoles algo, lo más seguro

es que ellos lo están haciendo por el bien de ustedes. Tal vez ellos quieren enseñarles algo, o apartarlos de un peligro, ellos los aman y desean lo mejor. Todo buen padre, desea ver a sus hijos saliendo adelante, por un buen camino y con un futuro asegurado y brillante.

La disciplina no nos gusta, pero qué valiosa es, cuando se aplica correctamente, en el momento adecuado, y también podríamos decir en el lugar adecuado; pues recomendé a los padres, NO golpear en cualquier parte del cuerpo, se recomienda, en los niños pequeños, en la colita, y en los más grandes (10 años en adelante), usar la supresión de cosas o quitar privilegios, pero NO usar el castigo físico.

Volviendo a la importancia de la disciplina, podemos decir que esta nos libra de dificultades futuras, y aún de la misma muerte, y no estoy exagerando, ¿recuerdan el ejemplo del niño y el toma corriente? Bueno, si aplicamos el caso, a un joven o jovencita, que sus padres, les están disciplinando por andar con malas compañías y ellos persisten, de seguro que no tendrán un buen final.

He conocido el caso de jóvenes que han muerto, por no obedecer el consejo o la disciplina de los padres, y seguir haciendo lo que ellos querían hacer.

En mi caso, recibimos disciplina, a veces un poco fuerte, pues mis padres no sabían las instrucciones de la Biblia: "sin ira y sin exasperarnos", entonces sus castigos casi siempre fueron con ira o a veces, en cualquier lugar, o a veces hasta injustamente.

Pero, a medida que mis padres comenzaron a seguir en los caminos de Dios y sus instrucciones, todo fue cambiando para bien en nuestra familia, y por ende todas las cosas, comenzaron a estar mucho mejor. No fue de la noche a la mañana, fue un proceso que tomó tiempo, y todavía, aunque mis padres, no son perfectos, ellos ahora tratan de aplicar las instrucciones de Dios, y sobre todo oran mucho por sus hijos y nietos.

Somos siete hijos, y creo que la corrección de mis padres, fue una de las influencias, para que seamos personas de bien, trabajadoras, respetuosas de la ley y sabiendo vivir en sociedad.

Mi oración por ti, es que seas un joven o jovencita que recibe la corrección de sus padres, y así podrás tener sabiduría y ser una persona que marque la diferencia, no ser otro del montón, que no sabe para dónde va, ni lo que quiere. Como un dicho que dice: ¿Dónde va Vicente? ¡Para donde va la gente! Vicente en este caso, vive por vivir, y va donde los otros van. Pero NO TIENE UN CRITERIO PROPIO. Hace lo que quiere hacer, y lo que ve, a otros hacer. **No tiene un código de vida, unas normas que rijan sus acciones; y esto se debe a que NO fue corregido de la forma que Dios enseña en su Manual, o NO recibió la disciplina, que sus padres quisieron darle.**

Mi mayor deseo para ti, querido joven y jovencita, es que seas el orgullo de tus padres y no su vergüenza.

Oro por tu vida ahora mismo, que Dios te ayude y te hable, a través de este manual para los hijos, basado en la Biblia y en experiencias reales. Otro importante consejo que te doy es: Si no has recibido a Jesús como Salvador, abre ahora mismo tu corazón y recibe su amor y perdón. Y sí eres cristiano, busca cada día más a Dios en oración, leyendo la Biblia y congregándote en una iglesia de sana doctrina; así encontrarás instrucción personal para tu vida y crecimiento espiritual.

Ah, unas últimas palabras, te acuerdas que te dije que era tartamuda y que no quería vivir. Pues te diré, Dios sano mi temor a hablar, de hecho, fui profesora por muchos años, estuve en misiones fuera de mi país ayudando a niños en alto riesgo, escribí un libro poemas y declamo. Sí, sí, como lo lees, Dios guió mi sanidad en el problema de la tartamudez, también mi relación con mis padres es muy buena, ahora, AMO a mis padres, estoy casada con un hombre extranjero y soy pastora en nuestra congregación, en Cali, Colombia. Tengo muchas razones para vivir y sobre todo para dar gracias a Dios. ¡DIOS ES BUENO! Y Él quiere hacer grandes cosas para ti también, te lo puedo garantizar, pues lo hizo conmigo, con mis familiares y conozco muchos otros testimonios de jóvenes y jovencitas, que NO tenían ninguna esperanza en su futuro, pero Dios cambio sus vidas en forma extraordinaria.

Si tienes alguna inquietud o pasando por problemas personales o familiares, puedes escríbeme a mi correo que aparece al final o llamarme. Será un placer y honor ayudarte.

PARA LOS HIJOS

Amados hijos,
obedezcan a sus padres,
pues esto agrada al Señor.
Obedeciendo a tus padres,
te irá bien en esta vida,
y tendrás larga vida.

Obedecer a tus padres es
una orden que te da Dios,
es algo justo y razonable,
para tu bendición y protección.

Hijos, amen, respeten y
perdonen a sus padres.
No los juzguen o critiquen,
sean los hijos que deben ser,
oren, y Dios los ayudará a ellos,
a ser los padres que deben ser.

Honra, enaltece y admira a tus padres,
no te avergüences de tus padres;
no los desprecies a ellos,
ellos son tu honra,
ellos no merecen tu deshonra.

Pídeles perdón, por deshonrarlos,
Pídeles perdón por no amarlos.
Hijos cumplan con sus deberes,

¡Para Que Te Vaya Bien y Vivas Mucho!

ayuden en el hogar, y te estarás
preparando, para cuando
tengas tu propio hogar.

El hijo sabio recibe el consejo e
instrucción del padre, el hijo sabio
escucha la dirección de su madre.
Hijo, alegra el corazón de tu padre,
y no traigas dolor al corazón de tu madre.

Acepta la disciplina y corrección
de tus padres,
alejarán tu corazón de la necedad,
traerán prudencia y sabiduría a tu vida,
y aún de la muerte, librarán tu vida.

Rosaura Eunice Gaitán Swanson

AGRADECIMIENTOS

Quiero agradecer a Dios, por ser el Creador de la Familia. Por imaginar y haber hecho realidad, la unión de un hombre y una mujer; tan distintos en muchos aspectos, pero tan complementarios el uno al otro.

Poner en sus corazones el Amor y la atracción que hacen posible la unión. Ese amor que nos lleva al sacrificio, a dar lo mejor de nosotros, por el bienestar de nuestro cónyuge.

Y qué decir de los hijos, grandes bendiciones, que son la extensión del amor de los padres. Hijos que son nuestra herencia.

*Agradezco a Dios, por dejar el "Manual de Instrucción", con los consejos y órdenes precisas; que son los fundamentos sólidos, para **construir la TORRE FUERTE, La TORRE SEGURA**, que se llama: **"FAMILIA".***

Y finalmente, por darme un esposo, con el cual estamos construyendo nuestra "Torre".

¡Por todo esto, GRACIAS DIOS!

Rosaura Eunice

45

ACERCA DE LA AUTORA

Nací en Santiago de Cali, soy hija del señor Carlos Fernando Gaitán y la señora Rosaura Muñoz, en un hogar conformado por seis hijas y un hijo. Realicé mis estudios en Cali, Colombia, como educadora, y trabajé por espacio de 15 años en diferentes escuelas y colegios de esta ciudad. Estoy casada con un hombre canadiense y somos pastores aquí en Cali.

Publiqué mi libro de poemas en el año 2.006. Reconozco que mi talento para escribir y declamar son un regalo de mi Creador. Ahora, Dios ha puesto en mi corazón la urgencia de este "Manual Para Las Familias", el cual deseo, sea de bendición y ayuda, a todo aquel que lea, y ponga en práctica, lo aquí escrito. No por ser mis palabras, sino porque he tratado de presentarles, **lo que Dios dice en su Palabra**, para los hijos e hijas.

¡Para Que Te Vaya Bien y Vivas Mucho!

INFORMACIÓN Y CONTACTO

Nombre de la compañía:

Ministerio Desde los Corazones

Autora: Rosaura Eunice Gaitán de Swanson

Dirección: Cali, Colombia, Sur América

Bloger: **http://eunicegaitan.blogspot.com**

Email: Shalomeunice1@yahoo.es

Teléfono: 313 727 48 19

Whatsapp: +57 313 727 48 19

Facebook: Rosaura Eunice Swanson

Twitter: @EuniceGaitan